Aurora-Mia Cantate wurde in Hamburg geboren. Sie veröffentlicht gerade ihren ersten Roman „Die Tore der Göttin." Sie arbeitete 20 Jahre im sozialen Bereich. Hierbei wurde sie immer wieder mit traumatisierten Menschen konfrontiert und erlitt auch selbst ein schweres Trauma, das sie überwinden musste.

Sie betreibt zur Zeit einen Blog „Likumiraphi."Der Inhalt dieses Buches wurde ebenfalls zunächst als Blog veröffentlicht.

Ich widme diese Buch allen Menschen, die eine Wunde in sich tragen.

Und die ihr ganzes Leben lang darum kämpfen müssen, diese zu überleben.

Aurora-Mia Cantate

Du gehörst dir selbst. Finde deine eigene Kraft

© 2012 Aurora-Mia Cantate
Auflage 1

Umschlaggestaltung, Illustration: Indo Karper/tredition
Verlag

Verlag: tredition GmbH, Hamburg
ISBN:978-3-8495-7495-6

Printed in Germany

Inhaltsverzeichnis

Vorwort

Vorwort

Dieses Buch schreibe ich vor allem für traumatisierte Menschen.

Doch selbstverständlich kann auch jemand anders daraus Nutzen ziehen.

Es ist unerheblich, ob du an etwas glaubst, um den Inhalt zu nutzen.

Du kannst Atheistin oder Agnostikerin sein. Es wird dir dennoch helfen, weil es einige wichtige und dir schon bekannte Elemente verwendet, die hilfreich sind , um mit einem Trauma besser leben zu lernen oder mit einer Krankheit, die in der Psyche entstand aufgrund eines Schock-Erlebnisses.

Es ersetzt keine Psychotherapie oder ärztliche Behandlung.

Doch es kann sie sinnvoll ergänzen, da wo die natürlichen Grenzen dieser Verfahren sind.

Was du auf jeden Fall benötigst, ist eine gewisse Selbstdisziplin. Solltest du diese bis jetzt nicht entwickelt haben, wird der Nutzen des Buches für dich nicht so groß sein, wie er sein könnte. Es ist jedoch möglich, dass du plötzlich entdeckst, dass du disziplinierter bist, als du bisher annahmst.

Immerhin hast du überlebt.

Um alles Schritt für Schritt zu tun, wirst du ein Aufnahmegerät brauchen. Viele moderne Smartphones haben ein Mikrophon. Vielleicht kaufst du dir eines aus zweiter Hand. Ich habe mit einem alten Kassettenrekorder angefangen, der für Kinder entwickelt wurde, die etwas darauf singen konnten.

Für einige der Meditationen wirst du auch Regenbogendekosteine brauchen, um sie ins Fenster zu hängen. Dies lässt kleine Regenbögen aus Licht an deinen Wänden entstehen, wenn das Sonnenlicht sie berührt. Das wird dir die Vorstellung des Lichtes unglaublich erleichtern, die ich verwende. Sie sind im Allgemeinen nicht sehr teuer.

Mein Buch wendet sich ja tatsächlich hauptsächlich an Überlebende von Traumata. Diese können öfter phasenweise nicht mehr einer geregelten Arbeit nachgehen. Das schränkt die Möglichkeiten Geld zu verdienen leider erheblich ein. Und so sind sie oft auf staatliche Hilfen angewiesen. Wundere dich also nicht, dass ich häufiger Tipps für ärmere Menschen einbringe.

Traumatisierte sind nicht faul oder „stellen sich an", wie es einige meiner preußischen Vorfahren sicher behauptet hätten. Sie haben nur leider sehr viel mehr an Schrecken in ihrem Körpersystem und ihrem Gehirn zu verarbeiten als andere Menschen. Das dauert manchmal ein Leben lang.

Insbesondere dann, wenn dieser Schrecken von anderen Menschen verursacht wurde. Traumaforscher haben festgestellt, dass Menschen dies am schwersten verarbeiten können. Es scheint so zu sein, dass wir „das Böse" nicht wirklich verstehen können.

Fest steht, wir haben überlebt. Doch das hatte seinen Preis.

Im Moment eines schockierenden Erlebnisses, produziert unser Körper verschiedene Hormone, wovon die meisten davon in der Evolution entwickelt wurden, um unsere unverzügliche Flucht zu ermöglichen. Doch leider ist dies innerhalb des traumatischen Geschehens im Allgemeinen nicht möglich. Bei einigen dauert diese Episode des Schreckens nicht sehr lange. Bei anderen über viele, viele Jahre. Oder es häufen sich in einem Leben mehrere, sehr schwere Erlebnisse. Wie auch immer die Umstände sind, die wir erlitten: Durch die extreme Ausschüttung diverser Hormone, die nicht zur Flucht genutzt werden können, verändert sich unser Gehirn für immer und unwiederbringlich. Danach sind wir niemals mehr derselbe Mensch. Und wir werden es auch niemals mehr sein.

Oft möchten Traumatisierte später von den Tätern wissen:„Warum hast du mir das angetan?" Weil wir eben das Böse nicht verstehen und verarbeiten können. Selten bekommen wir auf diese Frage je eine Antwort. Und in den allermeisten Fällen, wenn sie denn kommt, wird diese Antwort die Folgende sein: „Weil ich es kann!"

Sowohl intellektuell, wie auch psychisch, eine doch eher unbefriedigende Auskunft. Leider kennzeichnet sie die oft sehr kranken, psychopathischen Täter, die keinerlei bewusstes Mitgefühl erkennen lassen. Doch von ihnen soll in diesem Buch nicht die Rede sein.

Das Buch heißt: „Du gehörst dir selbst. Finde deine eigene Kraft!", weil es tatsächlich so ist.

Einen einzigen Menschen gibt es, den du nie verlieren kannst: Dich selbst. Mag ja sein, dass du es versucht hast, nach dem Trauma.

Z. B. durch stoffliche oder nicht stoffliche Abhängigkeiten. Das ist durchaus im Rahmen dessen, was viele Menschen die so etwas erleben mussten zusätzlich erleiden. Die Hölle einer Abhängigkeit.

Sollte das bei dir der Fall sein, und diese Abhängigkeitserkrankung sehr stark sein, steck das Buch ein, nimm es mit auf die Reise und begib dich unverzüglich in eine Klinik, so du kannst.

Es wird dir womöglich nicht gefallen, was dort geschieht, aber nutze es, um andere kennen zu lernen, denen es ähnlich ging. Überstehe es und befreie dich von der Abhängigkeit. Du musst nicht mögen, was die Therapeuten sagen. Du wirst dich höchstwahrscheinlich sowieso, klein, erbärmlich und gedemütigt fühlen.

Dazu musst du jedoch wissen, dass die meisten Menschen in zivilisierten Ländern nicht Folter, sexuelle Übergriffe und verbale Herabwürdigungen erleiden müssen. Du hast eines oder mehrere davon überlebt. Du bist ein tapferer Held. Eine strahlende Heldin! Auch wenn du dich im Augenblick keineswegs so fühlst. Niemand sonst überlebte, was du überlebtest! Du verdienst es, allein dafür, geachtet und wertgeschätzt zu werden!

Und das Buch kann dir helfen, dir selbst genau das geben zu lernen. Es wird nämlich kein anderer für dich tun.

Kinder sollten erwarten können, von ihren Elterngeliebt und geachtet zu werden. Das dies in Wirklichkeit oft nicht der Fall ist, ist Teil des Problemes an dem unsere Gesellschaften leider oft genug kranken.

Erwachsene jedoch können nicht voraussetzen, diese gleiche Wertschätzung automatisch von anderen Menschen zu erhalten. Bedauerlicherweise nicht. In einer idealen Welt haben sich alle lieb. Und an sich haben sich Menschen hier einmal darauf geeinigt, sich mit gegenseitiger Höflichkeit zu begegnen. In der Wirklichkeit erleben wir jedoch durchaus etwas anderes. Darüber können wir das Wehklagen anheben. Aber das wird uns nun nicht einen einzigen Millimeter weiter bringen.

Die Übungen aus diesem Buch musst du regelmäßig machen. Du musst dir die Zeit nehmen manche Dinge und Übungen auf dein Aufnahmegerät auf zu sprechen. Und du wirst viele Affirmationen mehrmals täglich, wochenlang vielleicht Jahre lang hören müssen, damit sich etwas ändert in dir. Sollte dir dieser Weg zu unbequem sein, dann lass es. Ich versichere dir jedoch aus eigener Erfahrung: Wenn du nicht innerlich an dir arbeitest, wird sich von allein gar nichts ändern. Und dies bedeutet Leid, welches so nicht mehr nötig wäre, würdest du anfangen zu arbeiten.

Also kannst du genauso gut loslegen, oder?

......   ❁

1. Kapitel

Finde zunächst deinen inneren, sicheren Ort, damit du deiner inneren Kraft dort begegnen kannst.

Vielfach wird diese oder eine ähnliche Übung in der Traumatherapie bereits angewendet. Wie du dahin kommst, mag jedoch ein wenig verschieden sein, je nachdem, wer es lehrt.

Diese Übung macht sich Folgendes zunutze:

- Die kreative Vorstellungskraft, die wir alle in uns tragen.
- Dass alle Kinder – wie Psychologen vermuten – eine magische Phase durchlaufen. Und dieses magische Denken Teil unseres Gedächtnisses ist.
- Dass Traumaopfer sich häufig innerlich „wegmachen", um die Qual nicht länger aushalten zu müssen. Sie versetzen sich an einen schöneren Ort, wo der /die Täter sie innerlich nicht erreichen können. Dadurch waren sie fähig, zu überleben. Und ihre Seele wurde geschützter.

Schamaninnen und Schamanen glauben jedoch, was auch einige der Psychologen inzwischen annehmen, dass Teile der Seele durch ein Trauma abgespalten werden. Sie fliehen an einen unbekannten Ort, von dem die Schamanen sie sozusagen zurückholen müssen.

Eine mir persönlich bekannte Schamanin erklärte mir einmal: „Ich hole durch die schamanistische Reise die besten Teile zurück. Die kostbarsten."

Ich denke, dass wir allerdings selbst die Experten und Expertinnen für uns sind. Und wir auch selbst bestimmen sollten, wohin wir reisen möchten.

Lies dir den folgenden Text aufmerksam durch. Wenn du ihn so annehmen kannst, kannst du ihn auf dein Aufnahmegerät aufsprechen. Wenn nicht, verändere ihn so, dass er für dich stimmig ist. Dann sprich ihn auf.
Wenn er aufgesprochen ist, lege dich bequem irgendwohin, wo du ungestört bist. Dann höre dir das Aufgesprochene an.

Danach mache dir bitte Notizen in ein schönes Heft, oder eine Mappe, die alle deine Heilungsaufzeichnungen beinhaltet. Du bekommst die Mappe oder das Heft schon im 1 €uro -Shop. Und du kannst sie noch bunt bekleben, damit sie dir auch gut gefällt und du sie gern in die Hand nimmst.

Erster und stets wiederkehrender Teil:

„Ich liege so gut wie ich kann. Ich entspanne mich mehr und mehr. Meine Hände liegen auf einer Stelle auf meinem Körper, die für mich angenehm ist.

Wenn ich fühle, dass ich so weit bin, gehe ich im Geist auf eine Reise. Ich gehe zu einem Zauberbaum in einer kleinen Straße.

Dort berühre ich den Stamm. Eine Tür öffnet sich und schon bin ich im Innern des Baumes. Eine wunderschöne Treppe mit Stufen aus hellem, poliertem Holz führt spiralförmig in die Höhe. Ich steige sie hinauf, bis zu einer Tür. Diese hat einen Rundbogen. Strahlendes, helles Licht, weiß -gelb leuchtend kommt aus der Tür, die sich von selbst öffnet.“

Noch nicht aufsprechen, erst durchlesen:

Dein sicherer Ort

„Durch das Licht bist du an einen Ort transportiert, der für dich absolut sicher ist. Nur du darfst ihn betreten und deine ausgewählten Helfer, wie z. B. deine innere Kraft oder ein Krafttier etc.

Dieser Ort ist bereits in deiner Vorstellung und Phantasie, weil er dort schläft und wartet, bis du ihn entdeckst. Es kann ein Garten sein, ein wunderschönes Haus in einem Garten. Eine sichere Höhle, ein Wohnwagen. Einfach alles, was du willst. Male ihn dir genau aus. Nimm dir so viel Zeit, wie du benötigst, um dir diesen sicheren Ort genau vorzustellen.

Wenn du mit der Vorstellung fertig bist, komm langsam aus der Trance zurück."

Schreibe nun alles so genau auf, wie du es magst. Vielleicht möchtest du dir Bilder ausschneiden oder aufmalen, um deine Vorstellung zu verdeutlichen.

Wenn du so weit bist, sprich diesen Teil auf Band auf. Direkt nach dem Wort „öffnet" von oben.

Schwierigkeiten, die auftreten können:

Am Anfang mag es dir ungewöhnlich vorkommen, Deine eigene Stimme zu hören.

Oft werden wir nicht ermutigt, uns mit allen Bereichen unseres Körpers anzufreunden. Vielleicht mussten wir abfällige Bemerkungen über unsere Stimme hören.

Doch egal, was dir vorher irgendjemand sagte: Wenn es nichts Gutes war, vergiss es. Es darf von jetzt an keine Rolle mehr spielen, was andere über Teile deines Körpers zu sagen pflegten. Geh davon aus, dass Menschen andere herabwürdigen, weil sie sich selbst nicht lieben und akzeptieren, wie sie sind.

Denn aus welchem Grund sollte ein Mensch, der in sich ruht, glücklich mit sich selbst ist und sich mag, einen anderen absichtlich verletzen wollen? Aus keinem.

Menschen die in sich zufrieden sind, benötigen nicht den Schmerz anderer Leute, um sich selbst wahr zu nehmen.

Es gibt nicht einen einzigen Teil deines Körpers, der nicht genau so akzeptabel und wert ist von dir geliebt zu werden, wie er ist.

Im Buddhismus gibt es ganze Meditationsteile, die davon handeln, deine Rede zu Mitgefühl und Weisheit werden zu lassen. „Grobe Rede" wird aufgelöst und ist zu vermeiden. Sich selbst und auch anderen gegenüber. Wenn man das einige Zeit praktiziert hat, zuckt man ziemlich zusammen, wenn man manchmal hört, wie lieblos Menschen über sich selbst sprechen und auch mit anderen reden.

Selbstverständlich muss niemand Buddhist sein um so etwas zu üben.

Es macht einfach mehr Spaß etwas Positives und Nettes über sich zu hören.

Gewöhn dich lieber daran. Und auch an deine Stimme. Denn darauf basiert das ganze Buch. Dir mehr Selbstliebe zukommen zu lassen.

....   ❀

2. Kapitel

Begegne ihr

Wenn du jetzt deinen sicheren Ort gefunden hast, bist du nun bereit, deiner inneren Kraft zu begegnen.

Du solltest vorher wissen, dass deine innere Kraft kein noch lebender Mensch sein sollte und möglichst auch kein lieber Verblichener. Verstorbene Verwandte oder Freunde haben ihre eigenen Wege zu gehen. Manchmal bieten sie sich nach einiger Zeit als Schutzengel an. Aber das ist etwas völlig anderes. Am besten lässt man sie in Ruhe und wünscht ihnen alles Gute.

Lies dir vorher genau den folgenden Text durch, um ihn später auf dein Band zu sprechen, wenn er für dich so stimmig ist.

(1. Teil wie in Kapitel 1 beschrieben)

2. Teil:

„Ich bin jetzt an meinem sicheren Ort angekommen. Ich setze mich in einen gemütlichen Sessel und schließe meine Augen. Ich spüre den formlosen Luftstrom, der an der Nasenspitze kommt und geht. Jetzt höre ich, wie ein sanftes, leises Geräusch ertönt, wie ein kleines Glöckchen, ein leises Windspiel. Ein Besuch kündigt sich an, der mir willkommen ist: meine eigene, innere Kraft.

Ich bejahe von ganzem Herzen, sie jetzt zu sehen und öffne an meinem sicheren Ort meine Augen.

Langsam, aus farbigem Licht, entsteht vor mir eine leuchtende Gestalt.

Das Licht hat genau die klare Farbe, die mir angenehm ist. Das Wesen ist nun ganz deutlich zu sehen. Sie oder er hat ein liebevolles und freundliches Gesicht, mit strahlenden Augen. Sie besteht ganz aus Licht und das bleibt sie auch, während wir miteinander kommunizieren.

Meine Kraft versichert mir, dass sie immer in mir gewesen ist und es auch bleibt. Sie ist unzerstörbar. Sie hat mich durch mein ganzes Leben getragen und wird es auch immer tun. Wir sind eins. Sie ist die Kraft, die mich vollkommen versteht, mich ganz und gar akzeptiert und liebhat. Immer.

Meine Kraft versichert mir, dass sie meine individuelle Sexualität vollkommen respektiert. Und alle meine Entscheidungsfreiheit.

Ich lasse jetzt dieses ganz klare, liebevolle strahlende Licht , dass sie ausstrahlt in mich strömen .

Nach einer Weile, wenn es gut ist, verschmilzt

meine Kraft mit mir.

Langsam komme ich in meinen normalen Zustand zurück. Ich verlasse mein sicheres Haus. und bin wieder in dieser Realität. Doch es ist mir jetzt bewusst, dass sowohl mein sicherer Ort, wie auch meine innere Kraft für immer in mir sind."

...... ❀

Wenn alles gut gelungen ist, wird es dir nach dieser Begegnung hervorragend gehen. Du hast verstanden, dass es etwas absolut Unzerstörbares in dir gibt. Deine eigene Kraft, die dich trug und trägt.

Es ist sehr gut, wenn deine innere Kraft eine Farbe aus dem Regenbogen hat, eine von den Grundfarben. Sie sind leicht vorstellbar und durch die Dekosteine, die du jetzt vielleicht bereits im Fenster hängen hast, wird dies noch erleichtert.

Hat dir deine Kraft ihren oder seinen Namen verraten? Hin und wieder hat dieses strahlende Geschöpf einen Namen. Es st gut, wenn du später mit ihm/ihr kommunizierst, diesen auch zu verwenden.

...... ❀

Solltest du einen sexuellen Übergriff überlebt haben, ist es für dich sicher nicht erstaunlich, dass in der Übung das mit der Sexualität erwähnt wird.

Für alle anderen hier das Folgende: Du gehörst dir! Und zwar ausschließlich dir selbst! Das beinhaltet auch deine Sexualität. Du allein bestimmst, wann und mit wem oder gar nicht oder ob nur mit dir selbst du sie leben willst! Wer dir was anderes erzählt – das muss ich leider sagen – will dich dominieren.

Wer über deine Sexualität herrschen will, will über dich herrschen.

Dies ist mittlerweile in Deutschland auch im Gesetz verankert. Und es gibt ein Antidiskriminierungsgesetz. Zu Recht. Will dir jemand vorschreiben, mit wem du Sex haben solltest, so ist das seelische Vergewaltigung. Und das ist wirklich kein Spaß! Insbesondere dann nicht, wenn zu derjenigen Person ein Abhängigkeitsverhältnis besteht. Sei es seelischer, realer oder spiritueller Natur. Damit sind Eltern gemeint, Lehrer, Lehrerinnen, ein sogenannter Guru oder ein Priester.

Von all diesen Menschen besteht von dir zu diesem Menschen eine Art Abhängigkeitsverhältnis.

Sollten sie dir vorschreiben wollen, mit wem du Sex haben sollst und mit wem nicht, wird dich das ungemein verletzen, wenn deine inneren Wünsche nicht mit denen der anderen Personen übereinstimmen.

Aber dein Körper gehört nur dir allein und du auch. Überlege also gut, ob du diesem Körper, dieser Seele das Glück zertreten lassen willst, weil es dir jemand anders vorschreiben will.

Insbesondere da sich diese Dogmen häufig auf historische Mythen und Lügen gründen. Diese entstanden, weil Priestercliquen die Menschen gern abhängig, dumm und furchtsam halten wollten, damit sie leichter manipulierbar sind. Und weil sie zum Teil die davor bestehenden Religionen übel aufgemischt haben. Um ihre Dogmen jedoch beliebter zu machen, wurden in der neuen religiösen Strömung dann Teile der alten mit verwendet. So sind ganze Feiertage, die noch heute existieren, ursprünglich sogenannte „heidnische" Feste gewesen.

Schlimm genug, dass wir mittlerweile davon ausgehen müssen, dass jedes dritte bis vierte Mädchen sexuell missbraucht wird. Kinder haben kaum Möglichkeiten, sich zu wehren. Du hingegen kannst dich dagegen verwahren. Denn mittlerweile bist du erwachsen geworden. Deine Entscheidung.

3. Kapitel

Einige Gedanken über Vergebung

Bevor ich dir sage, wie du mit deiner inneren Kraft weiter arbeiten kannst, möchte ich einiges über Vergebung sagen.

Es gibt Verbrechen, die so grauenvoll sind, dass Vergebung nahezu unmöglich scheint. Und wieso solltest du auch?

Tja, wieso?

Du hast in dir eine schreckliche Wunde, die so furchtbar und so grässlich ist, dass du vermutlich dein Leben lang daran arbeiten musst, nicht vor Verzweiflung in die Finsternis zu gehen. Und viele, viele tun es auch, glaube mir. Ich sah Frauen, deren Arme so zerschnitten waren, dass sie überall schreckliche, tiefe Narben hatten. Sie taten sich das an, weil es besser war, **diesen** Schmerz zu fühlen, als das, was man ihnen angetan hatte. Es zerreißt einem das Herz, sie zu sehen.

Wenn der Schmerz und die Traurigkeit so groß sind, ist man im Allgemeinen nicht an einem Punkt darüber nach zu denken, ob man vergeben sollte, oder kann.

Manchmal wechselt sich das mit Flashbacks ab,

oder mit Angst und Hass und Schamgefühlen. Was Flashbacks sind, wissen Traumaopfer sehr genau. Die eben genannte Mischung aus diesem Gemisch aus Empfindungen, die einem aufgezwungen werden, durch die Erinnerung an das Trauma. Oder die, an die Folgen des Traumas. Diese Erinnerung entsteht überfallartig. Sie kann, muss jedoch nicht, Inhalte des Traumas enthalten. Oder aber, Inhalte der Erfahrungen,die einem als Folge des Traumas aufgezwungen wurden. Wie z. B. sich in die falsche Person zu verlieben, die einem garantiert keine Liebe wieder geben kann oder wird. Weil Nähe viel zu bedrohlich ist.

Doch das ist nur ein Beispiel von vielen. Wenn du vermehrt auftretende Flashbacks hast, ist es gut, dich in eine Klinik zu begeben, die auf Traumapatienten spezialisiert ist. Gute Traumakliniken vermitteln einem Übungen dazu, sich bei Flashbacks besser abzuschirmen. Auch diese muss man regelmäßig machen.

Bei häufigen Flashbacks bist du ebenfalls kaum in der Position über Vergebung überhaupt nachdenken zu können.

Aber wenn es dir ein wenig besser geht, kann es

hilfreich sein, sich einiges vor Augen zu führen:

Was macht es mit mir, ständig in meinem Inneren Hass, Wut und die Scham bezüglich einer oder mehrerer Personen mit sich herum zu tragen?
Das verbindet mich in einer Weise mit ihr/ihm/ihnen, die ich doch eigentlich nicht will. Um das zu erlösen, kann der Wunsch nach Vergebung hilfreich sein.

Im Grunde bedeutet zu vergeben „etwas oder jemanden loslassen." Dass sich dein System nicht mehr mit all dem Ballast herumplagen muss, den du hast, wenn noch immer diese explosive, oben beschriebene Mischung von Empfindungen in dir ist.
Ich sage nicht, dass es leicht ist, zu vergeben. Oder loszulassen.
Ich maße mir auch nicht an, das zu erwarten von jedem oder jeder. Das gespeicherte Entsetzen über manche Verbrechen ist so umfassend, dass sie einfach zu böse sind, um überhaupt darüber nachdenken zu können, zu vergeben.

Ich habe durch die Lichtmeditationen des Buddhismus festgestellt, dass es leichter wurde, loszulassen. Dass einfach die Liebe zum Leben und für die Wesen, die immer in mir war, mehr und mehr Raum hatte, zu wachsen. Und je mehr das Positive wachsen konnte, desto besser ging es mir. Diese Meditationen sind allerdings noch ein wenig anders, als die Übungen, die ich hier vorstelle.

Und für mich ist das der Weg, den ich gewählt habe. Das heißt jedoch nicht, dass ich nicht wie ein kleiner Feuerdrachen sein kann, wenn mir was nicht passt. Und es heißt auch nicht, dass ich alle Dogmen des Buddhismus akzeptiere. Das ist keineswegs der Fall. Doch ist Religionskritik nicht Gegenstand dieses Buches.

Später im Buch werde ich eine Übung vorstellen, die es leichter macht, Dinge oder Menschen und Situationen loszulassen.

Ein weiterer Aspekt von Vergebung ist, dass man vielleicht darauf insgeheim wartet, dass Menschen einen darum bitten, ihnen zu verzeihen.
Sollte dies tatsächlich geschehen,ist das ein extrem seltener Moment.
Es kann jedoch schwierig sein, darauf zu hoffen. Denn willst du dich im Ernst davon abhängig machen, dass dich jemand um Verzeihung bittet?
Ich fürchte, bei den meisten wirst du wohl darauf warten können, bis du blau anläufst.

Möglicherweise träumst du auch davon, dass du – sollte tatsächlich jemand dich um Verzeihung bitten – schnippisch erwidern kannst: „Es tut dir aber nicht leid genug. Ich vergebe dir nicht!" Oder aber du hast ausgeprägte Rachephantasien. Das sind alles sehr verständliche Gedanken. Und auch durchaus verführerisch, wie ich zugeben muss.

Eine tatsächliche Ausführung dieser Rachephantasien endet jedoch im Allgemeinen in einer ziemlich kleinen Zelle mit womöglich eher unangenehmen Mitbewohnern.

Und auf die Dauer entziehen dir derartige Tagträume zu viel Energie, die du darauf verwenden könntest, dass es dir in der Wirklichkeit deutlich besser geht.

Ich persönlich finde es doch praktischer, mich von all dem unabhängig zu machen.

Wie auch immer, Vergebung und Loslassen kann man nicht erzwingen. Aber wenn du dich darum kümmerst, dass du genug Selbstliebe, genug Licht und Heilung bekommst, wird der Anteil in dir immer größer und stärker werden, der dir gut tut.

Und das lässt die Freude anwachsen. Wo mehr Freude ist, wächst das innere Licht. und es wächst die Liebe zu den Wesen. Irgendwann löst sich mehr und mehr von dem Groll auf in dir. Dann wirst du von selbst loslassen können.

Aber es gibt einen Nebenaspekt von Vergebung und der ist wirklich, wirklich schön: Sie macht das Herz weit.

Wenn sie ehrlich gemeint ist, öffnet sie dich und macht dich leichter auf eine Weise, wie du es niemals für möglich gehalten hättest. Und – nein – sie ist keine Schwäche, im Gegenteil: Es kann eine neu Stärke entstehen.

.... ❀

4. Kapitel

Wie du deine eigene Kraft bildlich darstellen kannst

Wenn du gerne und schön malst, dürfte es kein Problem sein, das wunderbare Wesen, das sich als deine Kraft dir zeigte, zu Papier zu bringen.

Schwieriger wird es allerdings, wenn dies nicht der Fall ist.

Besorge dir ein großes, weißes Stück Papier, auf dem du gut malen kannst. Und auf das du dich vollständig drauflegen kannst. Z. B. könntest du eine glatte, weiße Tapetenbahn nehmen.

Oder in einem Fachgeschäft ein Stück Papier erstehen, was entsprechend groß ist.

Nimm nun einen weichen Bleistift und setze dich so, dass du erst die Umrisse deiner Beine im Sitzen auf das Papier drauf zeichnest. Wenn die fertig sind, kommen die Umrisse des Oberkörpers dran. Du wirst dich ein wenig bewegen müssen, wenn du diese Arbeit allein machen musst. Gut ist es, eine Freundin oder einen Freund zu bitten, das für dich zu tun. Das macht es ein wenig leichter. Es ist jedoch keineswegs unmöglich, die Umrisse selber zu zeichnen.

Wenn die Umrisse fertig sind, malst du alles in

der klaren und schönen Farbe aus, wie dir die Kraft erschien. Spare das Gesicht jedoch noch aus, denn es ist ein wenig problematischer zu bemalen. Du besorgst dir einmalig einen kleinen Topf Körperfarbe, wie sie Kinder im Fasching nehmen. Sie ist ungiftig, aber sorge dennoch dafür, dass du die Lippen mit Fett gut einschmierst, wie auch die Augenlider, bevor du was aufträgst. Und es gibt bunte Faschingsstifte, mit denen du verschiedene Lippenfarben machen kannst. Wenn alles noch schön feucht ist, tust du ein weiches Küchentuch auf dein Gesicht. Es entsteht ein Abdruck, wenn du es wieder herunter nimmst. Diesen drückst du dorthin, wo das Gesicht Deiner Kraft entstehen soll. Vorsichtig, damit dir nichts verschmiert. Jetzt hast du ein passables Gesicht und du kannst noch die Feinheiten mit der normalen, klaren Farbe ausmalen. Als günstigere Farbvariante kannst du – aber bitte nur für den Körper auf dem Papier – eine kleine Flasche bunte Tapetenfarbe kaufen. Das ist wesentlich billiger, als wenn du vom Wasserfarbenkasten nimmst, bei so einem großen Malprojekt.

Du brauchst also folgendes:

- Eine kleine Flasche Tapetenfarbe in der Farbe deiner Kraft, um den Körper auf dem

Papier auszumalen.

- Ein kleines Töpfchen Körperfarbe, oder eine Tube in der gleichen Farbe für dein Gesicht.
- Etwas Küchenpapier
- Eine Tapetenbahn oder ein großes Stück Papier, so dass du draufpasst.
- Faschingsstifte, für die Lippenfarbe, weil das besser haftet als Körperfarbe und intensiver ist.
- Einen weichen Bleistift und ein Radiergummi, falls du dich vermalst.

Es gibt noch eine andere Möglichkeit.

Du ziehst dir Sachen an in der Farbe, die deine eigene Kraft hat und malst dir das Gesicht mit Körperfarbe in derselben Farbe an. Und die Lippen mit den Faschingsstiften. Dann photographierst du dich selbst mit einer hohen Anzahl von Pixeln. Oder du lässt dich photographieren.

Du vergrößerst das Bild und/oder lässt es dir als Poster ausdrucken.

...... ❁

Es ist schön, die eigene Kraft als Bild hängen zu haben. Ich habe mir für meine einen richtig schönen Rahmen gegönnt. Sie ist allerdings nicht ganz so groß wie ich selbst und fängt ab der Hüfte an. Das wäre dann die dritte Variante. Bei einem Foto kannst du ja auch die Größe selbst bestimmen. Im 1 Euro -Shop gibt es öfter günstig Rahmen.

....   ❁

5. Kapitel

Wie du mit deiner eigenen Kraft arbeiten kannst.

Wenn du deine eigene Kraft gerahmt und an deine Wand gehängt hast, kannst du noch ein Foto von ihr machen, dass du mit deiner Meditation auf deinem Handy/MP3 Player verbindest. So trägst du sie mit dir herum und wirst immer daran erinnert, wie stark und wunderschön du bist.

......   ❀

Deine Kraft kann dir bei vielen Dingen helfen.

1. Dabei, deinen Alkohol Konsum drastisch zu reduzieren.
2. Das Rauchen einzuschränken und längerfristig aufzugeben.
3. Dich zu trösten, wenn du dich mutlos und allein fühlst.
4. Dich täglich zu stärken
5. Positive Affirmationen zu verstärken.
6. Die Samen legen dafür heilsamere
7. Beziehungen zu entwickeln.
8. Nicht mehr so schrecklich an Vergangenem zu haften

9. Deine Kreativität weiter zu entwickeln.

Und vieles, vieles mehr.

......   ❀

Sie ist leider nicht dazu da, dir die Lottozahlen
vorher zu sagen. Schade eigentlich, denn dann wä-
ren all die, die mit ihr arbeiten Millionäre.

Auch ist die innere Kraft nicht dazu da, dich in
obskure spirituelle Dinge zu verstricken, die dir
nicht nützlich sind. Deine Kraft ist ein bildhafter
Ausdruck deiner selbst. Deiner besten Eigenschaften und deiner dich stützenden Anteile. Sie macht
sich lediglich Eigenschaften zu Nutze, die sowieso
im Geist vorhanden sind.

......   ❀

6. Kapitel

Alkoholkonsum und das Rauchen drastisch zu reduzieren.

Sprich die Entspannungsübung so auf, dass du zu dem Zauberbaum gehst und durch das Licht an deinen sicheren Ort, wo deine innere Kraft schon auf dich wartet.

Ihr begrüßt euch und dann legst du dich dort auf eine Liege in/an deinem sicheren Ort.

Dann sprichst du auf:

„Jetzt legt deine Kraft dir die Hände auf dein Herz und auf deine Stirn. Sie sendet Licht in dich, von der Farbe, aus der sie besteht. Fühle, wie das Licht in deinen Körper strömt und ihn auffüllt. Ganz auffüllt mit dem heilenden Licht, das in jede deiner Zellen fließt.

Ein ganz wunderschönes Gefühl von Geborgenheit und Sicherheit strömt mit dem Licht in dich. Nach einiger Zeit legt sie die Hände auf dein Scheitelchakra und deinen Magen und lässt weiterhin das Licht in dich fließen. Du fühlst Freude und Frieden in dich strömen mit dem Licht. Deine wunderschöne Kraft sagt dir nun, dass du loslassen darfst und selbstschädigende Gewohnheiten wie Rauchen /Alkohol trinken nicht mehr benötigst. Dass du in dir selbst vollkommen geborgen bist und diese Ange-

wohnheiten nun mehr und mehr aufgeben kannst,
ganz leicht. Du brauchst sie nicht mehr.

Weiterhin fühlst du das Licht in dir, während du
ihre Worte hörst.

Nach einiger Zeit, wenn du spürst es ist gut, öffnest du deine Augen im Geist. Du setzt dich auf
und deine Kraft löst sich in Licht auf und verschmilzt als Licht mit deinem Herzen. Und all die
grenzenlose und bedingungslose Liebe , die sie für
dich hat, mit ihr.

Jetzt öffnest du langsam in der Wirklichkeit die
Augen. Du fühlst dich ganz wunderbar und befreit.
Sobald wie möglich wiederholst du diese Medita-
tion.

......   ❊

Wenn die Meditation beendet ist, kannst du noch
etwas tun. Du gibst im Geist, all das Gute was eben
geschah an alle Wesen weiter und sagst innerlich:
„Ich wünsche allen Wesen von ganzem Herzen jedes erdenkliche Glück."

Wieso? Glückliche Wesen verbreiten Freude an-
statt Leid. Siehe oben.

Keine Sorge, du wirst noch nicht morgen heilig
gesprochen. Es ist ein langer Weg, glücklicher zu

werden. Erwarte nicht, dass es gleich beim ersten Mal klappt. Das ist möglich. Dennoch ist es gut, diese Meditation über einen längeren Zeitraum zu machen. Mindestens 14 Tage. Morgens und abends. Besser länger.

....   ✿

7. Kapitel

Wie du dich selbst trösten kannst wenn du mutlos bist

Diese Übung kannst du gut vor dem Einschlafen machen.

Stell dir einfach vor, du gehst auf die übliche Weise an deinen sicheren Ort. Dort triffst du deine Kraft. Und stell dir jetzt vor, dass sie beide Hände auf dein Herz legt. Du selbst kannst, um das zu spüren, auch deine Hände auf diesen Punkt deines Körpers legen. Jetzt lässt du in ihren Händen kleine Regenbögen entstehen. Dieses Licht wird immer größer, es durchdringt den Körper deiner Kraft ganz und gar. Und wenn sie völlig aus Regenbogenlicht besteht, strömt es in dich ein, dieses Licht, bis auch du sowohl von dem Licht eingehüllt, als auch durchdrungen bist.

Mit diesem Licht fließt unendliche Liebe in dich. Vollkommenes Verstehen und Angenommen sein. Du bist geliebt und völlig geborgen in dir. Jetzt fühlst du, dass das Regenbogenlicht weiter geht, den Raum ausfüllt um dich, und alle Welten mit Liebe und Verstehen durchdringt. Alles ist wunderschön, alles ist Geborgenheit. Lasse dies eine ganze Zeit auf dich wirken. Dann komme langsam wieder zurück in deinen „Normalzustand." Gib im Geist alles Gute was du erfahren hast an alle Wesen weiter.

Was du außerdem tun kannst:

Sprich dir auf dein Aufnahmegerät mindestens eine halbe Stunde positive Affirmationen auf, die du täglich hörst. „Ich liebe mich selbst und ich erkenne mich selbst an", dieser Satz, den Louise L Hay geprägt hat – ihn kannst du gar nicht oft genug hören! Ich betone es sehr: Das Gehirn verändert sich nachweislich dadurch, dass positive Affirmationen gesagt werden. Liebe löst Wohlbefinden in uns aus – also gute Hormone. Und diese verändern mit der Zeit die Vernetzungen im Gehirn zum Besseren. Menschen die offener, fröhlicher und positiver durch die Welt gehen, haben einfach viel mehr angenehme Erlebnisse, als kleine oder große Griesegrätze.

Und von den schlechten Erlebnissen haben wir doch wohl alle die Nase voll.

....   ✿

Noch eine andere Methode

Geh zu deinem sicheren Ort wie beschrieben. Und stell dir vor, dass eine Kraft kommt und dich ganz lange in die Arme nimmt. Du bist sicher, geborgen und geliebt.

....   ❈

8 Kapitel

Wie du dich täglich stärken kannst

Stell dir vor, du reist zu deinem sicheren Ort.

Du triffst deine Kraft und sie nimmt dich bei der Hand und führt dich in einen ein wunderschönen Garten, der dem Ort direkt angegliedert ist. Auch hier bist du vollkommen sicher. Du findest in diesem Garten einen kleinen Bach, der von einer Zauberquelle gespeist wird.

Deine Kraft gibt dir nun einen schönen, verzierten Trinkbecher. Und du trinkst von dem reinen Quellwasser. sofort fühlst du dich vollkommen erfrischt und gestärkt. Das Wasser erfrischt deinen Körper und deine Seele. Stell den Becher, wenn du genug getrunken hast, an das Bachufer und lass ihn dort stehen, bis du wieder zurück bist.

Dann nimmt sie dich mit ein Stück weiter einen kleinen Weg hinunter. Dort ist ein sanfter Wasserfall., der ebenfalls von der Zauberquelle gespeist wird. Er mündet in einen kleinen See. Stell dich nun unter den Wasserfall. und lass dich umspülen und reinigen. Stell dir vor, dass alle deine Sorgen und Nöte von Wasser gereinigt werden. Negative Gefühle, die dich schmerzen, all das, wird vom Wasser der Zauberquelle gereinigt und in Segen verwandelt. Ein Segen, der dein ganzes Leben durchdringt und es heiler, schöner macht von Tag zu Tag. Immer mehr, kannst du das Glück genießen, was es bedeutet zu leben. Viele Kleinigkeiten: Das Licht auf dem Wasser, die Sterne, die in der Unendlichkeit der Nacht funkeln, Regentropfen auf den Pflanzen. All das sind kleine Wunder, die dich erfreuen können. Jeden Tag siehst du mehr Schönheit und lässt mehr den Ballast los.

Wenn du fühlst, dass es gut ist, kehre in deinen Alltag zurück.

All das Gute, was dir geschah, teile im Geist mit allen Wesen. Mögen sie täglich Glück und Liebe erfahren.

....　　　　　　　❋

9. Kapitel

Positive Affirmationen verstärken.

Es ist erschreckend und erstaunlich zugleich, wie wenig Selbstwertgefühl manche Menschen haben. Oft brechen schon ihre Eltern diese kleinen Wesen. Durch Misshandlungen, die sie selbst erfuhren und die sie nahtlos an die nächste Generation weitergaben. Aber auch durch eine Sprache, die voller Abscheu und Verachtung ist, voller Grobheiten. Wie sollen es denn Kinder lernen, dass sie geliebt sind? Dass sie geachtet sind, wenn die Eltern es nicht können.

Oft werden Kinder auch in der Schule gequält und gedemütigt und alle schauen weg. Die anderen Kinder, weil sie froh sind, selbst nicht dran zu sein. Die Lehrer, weil sie unfähige Pädagogen sind und maßlos feige. Das ganze Leben eines solchen Kindes kann durch die erlittenen verbalen und körperlichen Misshandlungen vergiftet sein.

Doch jetzt, wenn du bis zu diesem Buch gekommen bist, oder vielleicht schon lange vorher, hast du beschlossen, dass es Zeit ist, die Qualen zu beenden.

Eines noch zu den Kindern, die zu Tätern wurden:

Ich möchte wirklich ein derartiges Verhalten
nicht entschuldigen. Aber Kinder die sich geliebt
und von den Eltern geachtet und wertgeschätzt fühlen, brauchen nicht den Schmerz anderer Leute, um
sich selbst zu spüren. Beide Sorten Kinder brauchen dringend Hilfe: Sowohl die Opfer, als auch die
Täter. Und zwar umfassende Hilfe. Sie benötigen
eine Familientherapie an der sich auch die Lehrer
beteiligen. Mobbing muss an den Schulen von Leh-
rern, Pädagogen und Psychologen durch breite Auf-
klärung und gemeinsame Übungen und Gespräche
völlig verschwinden.

....   ❁

Um dein Selbstwertgefühl aufzubauen ist es
wichtig neue Vernetzungen im Gehirn entstehen zu
lassen. Das ist möglich, wenn du dir selbst genü-
gend Liebe Achtung und Wertschätzung gibst. Und
dieses wiederum kann geschehen dadurch dass du
dir selbst immer wieder und wiederholt positive
Worte sagst.

Ganz besonders empfänglich für alle Formen der
Selbststärkung sind wir in einem Zustand der

Entspannung, wie du es am Anfang des Buches kennengelernt hast.

Stell dir deine übliche Reise zu deinem sicheren Ort vor. Triff dort deine innere Kraft. Sie legt nun eine Hand auf dein oberes Schädelchakra und eine Hand auf dein Herz.

Sie sendet in beide Bereiche ihr Licht in der Farbe, in der sie dir erscheint. Dabei hörst du Affirmationen, die dir guttun.

Hier einige Beispiele:

- Ich liebe mich selbst von ganzem Herzen.
- Ich verstehe und achte alle meine Empfindungen.
- Ich achte und liebe die Bedürfnisse meines Körpers.
- Ich achte und liebe die tiefen Wünsche und Sehnsüchte meiner Seele.
- Meine Träume gehören mir selbst. Ich achte und verstehe meine Träume mehr und mehr.
- Ich liebe das kleine Mädchen/den kleinen Jungen in mir von ganzem Herzen.

- Ich vergebe mir jetzt selbst von ganzem Herzen.

- Ich lasse jetzt tiefes Glück in mir wachsen.

Füge jederzeit weitere positive Affirmationen hinzu.

10. Kapitel

Den Samen für heilsamere Beziehungen legen

Mit der Zeit, wenn du Selbstliebe beständig praktizierst, wirst du von allein mehr Menschen begegnen, die freundlicher auf dich zugehen. Ein neuer Zauber scheint auf deinem Leben zu liegen. Vielleicht, weil deine Augen weiter geöffnet für all das Schöne sind. Vielleicht, weil Stück für Stück das Positive wachsen kann.

Jedoch gibt es Möglichkeiten noch mehr Samen zu legen dafür, dass positive Beziehungen sich mehr und mehr einstellen.

Und da die Seele dazu neigt, Phantasie wörtlich zu nehmen, habe ich in diese Übung wirkliches Pflanzen eingebaut. Du wirst es sehen.

1. Übung

Gehe wieder wie angegeben an deinen sicheren Ort.

Triff deine Kraft. Deine Kraft hält eine wunderschöne Schale in ihren Händen, die reich verziert und aus Glas ist. Sie ist von einem ebenso verzierten Deckel geschützt. Goldenes Licht strömt aus der Schale. In ihr sind nämlich lauter Segenssamen, die golden leuchten und die alle dir gehören. Deine innere Kraft hat sie dir mitgebracht und blickt dich voller Liebe an. Dann fordert sie dich auf, einen Flug mit ihr zu wagen. Weit, weit in die Lüfte, über die Erde. Sie wird nun groß. So groß, dass sie dich tragen kann. Doch vorher gibt sie dir die reich verzierte Schale, die golden leuchtet. Du wirst sie auf eurer gemeinsamen Reise halten.

Dann nimmt sie dich auf die Arme. Schon steigt ihr von dem Ort gemeinsam auf. Du bist völlig geborgen. Unter dir siehst du, wie dein sicherer Ort von oben aussieht, doch seine Kraft ist so groß, dass du auch in der Luft vollkommen sicher bist.

Ihr fliegt weiter nach oben und jetzt siehst du unter dir die Stadt kleiner werden. Deine Kraft hält dich und du hälst die leuchtende Schale. Deine Kraft fragt dich, ob du noch ein wenig höher fliegen willst. Und du willst das wirklich. – Schon siehst du die Erde unter dir. Ein wunderschöner, blaugrüner Planet. Jetzt setzt sich deine innere Kraft hin und nimmt dich auf ihren großen Schoß. Du bist völlig sicher. Unter euch dreht sich langsam der blaugrüne Planet. Deine Kraft fordert dich jetzt auf, die Schale mit den Segenssamen auszukippen, so dass sie überall hin fliegen können, auf die Erde. Und das tun sie auch, denn genau das ist ihre Bestimmung. Du öffnest jetzt den Deckel der Schale und schon steigen all die Segenssamen auf. In einem goldenen Bogen gießen sie sich über der Erde aus und verbreiten Glück, Frieden und Freude. Liebe und Lachen. Das machst du solange du willst. Wenn du fertig bist, machst du den Deckel wieder zu. Automatisch füllt sich die Schale wieder.

Du kannst es so oft du willst wiederholen.

Wenn du merkst, es ist genug, fliegt deine Kraft mit dir wieder zu deinem sicheren Ort zurück. Du kehrst in deinen Normalzustand zurück. Bedanke dich bei deiner Kraft.

2. Übung

Mache alles wie vorher, aber statt mit deiner Kraft ins All zu fliegen, legst du dich auf eine Liege und sie gießt die leuchtenden Samen aus Segen über deinem Körper aus. Sie verschmelzen mit dir und lassen in dir außer den oben erwähnten Dingen, wie Liebe, Lachen etc., den Wunsch nach heilsamen, gleichberechtigten, loyalen Freundschaften entstehen., Und diese Zaubersamen entfalten sich nun langsam, von Tag zu Tag in dir. Sie wachsen, und verbreiten ihr unsichtbares Netz aus Licht. Das Heillicht bahnt sich den Weg und zieht Menschen in dein Leben, die die ähnliche Wünsche haben wie du.

❈

Lass mich eines anmerken: Du musst wirklich Geduld mir dir selbst haben. Und dennoch prüfen, mit wem du dich einlässt. Wenn du von Kindheit an mit destruktiven Menschen zusammen warst, ändert sich nicht alles über Nacht. Doch es gibt unzählige Beispiele, dass Menschen, die weiter an sich gearbeitet haben, mit der Zeit zu einem zufriedeneren und erfüllteren Leben fanden. Und auch mit der Zeit, je heiler sie selbst wurden, heilere andere Menschen in ihr Leben ließen. Man kann das sogar wissenschaftlich erklären. Es liegt an den sogenannten „Spiegelneuronen", die uns zu Mitgefühl befähigen. Gehirnforscher haben festgestellt, dass bereits die Sprache im Gehirn Vorgänge auslöst, als geschähe etwas tatsächlich.

Wenn du also beständig positive Übungen in Tiefenentspannung machst, wirkt das sehr wohl. Es dauert nur alles seine Zeit.

Aufgeben ist ja überhaupt keine Option. Du möchtest doch, dass es dir besser geht.

Alle diese Übungen sollen dich dabei unterstützen.

❈

11. Kapitel

Nicht mehr so schrecklich an Vergangenem zu haften

Die Vergangenheit kann wahnsinnig schmerzen. Deswegen ist es gut, eine Übung zu kennen, damit sie ein wenig weniger weh tut.

Gehe zu deinem Ort und triff deine Kraft.

Heute geht ihr in deinen Garten, der zu dem Ort deiner Kraft gehört.

Sie führt dich zu einem Gefäß, das am Ufer des dir schon bekannten Baches steht. In dem Gefäß, dass wieder aus Glas besteht und das reich verziert ist, liegen viele schwarze Steine. Sie alle sind Symbole für Traurigkeiten und Verletzungen aus deiner Vergangenheit. Auf dem Gefäß ist ein Deckel. Er ist ebenfalls reich verziert. Neben dem Gefäß ist eine wunderschöne, goldene Schöpfkelle, die sanft leuchtet mit goldenem Licht. Deine Kraft fordert dich auf, den Deckel des Gefäßes zu öffnen. Du tust es und du legst den Deckel ins Gras neben dich. Dann nimmst du die Schöpfkelle und schöpfst Wasser aus dem magischen Bach, der lauter Heilwasser enthält.

Sofort, wenn das Wasser die Schöpfkelle berührt, wird es ebenfalls von goldenem Licht erfüllt und schimmert golden leuchtend. Also gießt du dieses Heillicht über all die dunklen Steine im Gefäß. solange, bis es ganz voll mit Licht ist. Und jetzt geschieht etwas ganz Wunderschönes: Das Licht verwandelt alle die Steine. Es durchdringt sie mit Heilung und sie werden von innen her ebenfalls golden. Wenn alles in dem Gefäß golden ist, steigt das Licht auf. Heraus aus dem Gefäß. Sobald das goldene Licht aus dem Gefäß ist, verwandelt es sich in Regenbogenlicht. Das schwebt über dir und fällt in dich hinen, füllt dich ganz mit Regenbogenlicht auf. Und breitet sich dann aus dir heraus in demdem ganzen Ort aus. Das Regenbogenlicht wird größer und breiter und wird unendlicher Segen, der sich überallhin verteilt. Und zu allen Wesen geht und mit ihnen all das Schöne und Wunderbare teilt, das gerade passiert ist.

Wenn alles gut ist, bedankst du dich bei deiner Kraft und kehrst zurück in deinen normalen Zustand.

❋

12. Kapitel

Deine Kreativität weiter entwickeln

Ein Preis, den wir dafür zahlen uns „wegmachen" zu müssen, wenn wir missbraucht und/oder misshandelt werden ist, dass wir einen Teil Lebendigkeit in uns abschneiden. Dieser Teil kann jedoch entscheidend dafür sein, dass unsere Kreativität so schön ins Kraut schießen kann, wie die Natur es eigentlich für sie vorgesehen hat.

Jedes Kind ist eigentlich ein kleiner Künstler. Doch Begabungen müssen auch geübt werden. Von allein wurde Leonardo ganz sicher nicht der der er war, sondern weil er beständig und immer wieder übte. Und die Callas wurde nicht sie, indem sie stumm blieb, sondern weil sie fleißig Tonleitern übte, und Opernpartituren auswendig lernte.

Egal welcher Bereich der Kunst und des Ausdruckes es ist, der in dir schlummert, wenn du ihn nicht übst, wird er verkümmern und vergessen werden.

Ein Ausdruck unserer ursprünglichen Kreativität sind unsere Träume. Nun ist es leider so, dass misshandelte Menschen sehr häufig unter Alpträumen leiden. Und daher können sie nicht ihr volles Potential entfalten.

Es gibt über Träume zwei Bücher, die ich dir nachhaltig ans Herz legen möchte:

- **Von An Faraday „Deine Träume - Schlüssel zur Selbsterkenntnis."**
- **Von Patricia Garfield „Kreativ träumen."**

Dies könnten zwei der wichtigsten Bücher werden oder sein, die du je lesen wirst. Denn sie helfen dir dich selbst auf einer ganz tiefen Ebene zu verstehen.

Deine Träume gehören dir. Und zwar dir allein. Eine Frau, bei der ich einen Kursus über Träume machte, erzählte eines Tages das Folgende: Sie wurde in einem Traum von einer Art Monster verfolgt und der Traum kehrte immer wieder. Schließlich hatte sie irgendwann genug. Sie wandte sich um und fragte das Monster: „Was willst du eigentlich von mir?" Da zuckte es die Achseln und erwiderte: „Woher soll ich das wissen? Es ist dein Traum!"

Das ist damit gemeint, dass sie dir gehören,

deine Träume

Um deine Kreativität also besser entfalten zu können, benötigst du mehrere Dinge:

1. **Eine Übung, um dich im Traum besser vor Alpträumen schützen zu können.**

2. **Die Geduld und den Wunsch mit deinen Träumen zu arbeiten und sie dir zu merken und bewusst zu machen.**

3. **Eine Übung, die die Kreativität wachsen lässt.**

Zu 1:

Triff deine Kraft mit dem üblichen Ritual.

Sie nimmt dich mit in den Garten und geht mit dir zum kleinen See. Dort flüstert sie ein Zauberwort, das nur dir gehört und was sie dir sagt. Sie bittet dich es drei Mal zu wiederholen, und nach dieser Übung aufzuschreiben, wenn du wieder in deinem gewöhnlichen Zustand bist.

Durch das dreimalige Wiederholen des Wortes entsteigt dem See ein Schwert aus Licht. Es ist wunderschön verziert am Griff und wurde nur für dich geschmiedet. Es kommt auf dich zu und schon ist es in deiner Hand. Es passt genau. Du schaust es an und jetzt gibst du dem Schwert einen Namen. Auch diesen schreibe bitte später auf , wenn du wieder aus der Trance erwachst. Deine Kraft erklärt dir nun, dass du für den Zettel mit dem Zauberwort und den Namen des Schwertes, einen kleinen Beutel nehmen sollst, den du entweder kaufst, oder selbst bastelst. Bevor du einschläfst, nimmst du den Beutel und legst ihn unter dein Kopfkissen. Stell dir nun vor, dass du nie mehr im Traum hilflos sein musst. Wann immer dich irgendwer bedroht, merkst du dir das Zauberwort und den Namen deines Schwertes. Sobald du beide sagst, ist im Traum das Schwert in deiner Hand. Dreh dich zu dem Monster oder der Person um die dich verfolgt. Setze ihm das Lichtschwert auf die Brust und frage ihn oder sie, was sie von dir will. Sag ihr/ihm, dass dein Traum dir gehört und dass niemand der dich bedroht dort etwas zu suchen hat.

Schreib dir auf, was passiert, wenn du wieder wach bist.

Wirf nun das Schwert zurück in den See. Es ist da, wenn du es brauchst.

Bedanke dich bei deiner Kraft und kehre in die Wirklichkeit zurück.

Es dauert einige Zeit, bis das klappt. Aber es **kann** klappen, das versichere ich dir. Du benötigst nur Übung. Und den Willen, es zu schaffen.

Es ist gut, den Namen des Schwertes und das magische Wort für dich zu behalten. Es geschieht nichts Schlimmes, wenn du sie weiter sagst, aber es ist immer auch schön, etwas für sich zu haben, das nur einem selbst gehört. Und manchmal vertrauen wir leider auch den falschen Menschen.

Zu 2:

Es ist sehr, sehr wichtig mit deinen Träumen zu arbeiten. Schreib sie dir auf, leg dir ein Heft neben dein Bett. Eine ganze spannende Welt wartet im Schlaf auf dich, die dir gehört und die dir geschenkt wurde! Willst du dir das wegnehmen lassen? Niemals! Und lies die Traumbücher!

Du könntest anfangen, zu malen, was du im Traum sahst, oder mit Ton zu formen. Oder Collagen davon machen.

Zu 3:

Ich empfehle dir ein weiteres Buch, welches sich mit Kreativität direkt befasst.

Julia Cameron „Der Weg des Künstlers." Ein
äußerst wichtiges Buch, was fast jeden schlafenden
Künstler oder jede schlafende Künstlerin aus dem
Dornröschenschlaf zu reißen vermag, wenn du dis-
zipliniert danach arbeitest. Selbst, wenn du nur die
Hälfte der Übungen machst, die sie vorschlägt,
wird eine Veränderung mit dir geschehen, die zum
Positiven ist und die deine Kreativität *beginnt* zu
entfalten.

**Außerdem ist hier eine erneute bildliche Übung
mit deiner Kraft:**

Triff deine Kraft am üblichen Ort. Geh mit ihr in
den Garten. Dort zeigt sie dir eine schön verzierte
Schale, die am Ufer des Kleinen Baches steht. In
der Schale liegen viele kleine bunte Samen. Und in
der Nähe des Baches ist ein Beet, was nur darauf
wartet, dass du diese Samen einpflanzt. Die Samen
haben alle möglichen Farben und Formen. Und so
genau kann noch niemand sagen, was mal aus ihnen werden wird. Jetzt stell dir vor, dass du mit einer magischen kleinen Schaufel, die golden schimmert, Löcher in das Beet gräbst und nach und nach
die Samen dort vergräbst.

Wenn du die Samen gut vergraben hast, gieße
mit der goldenen Schöpfkelle, die von einer vorigen

Übung noch am Ufer liegt, aus dem magischen Bach Wasser über deine Pflänzchen.

Stell dir nun vor, die ersten grünen Triebe schauen schon aus dem Boden. Das sind alles die Samen deiner Kreativität.

Wenn du wieder zu deinem magischen Ort kommst, stell dir vor, sie seien etwas gewachsen. Wässere sie erneut. Und freue dich daran, wie spannend und verschieden sie alle aussehen.

Bedanke dich bei deiner Kraft und kehre in den Zustand der Realität zurück.

Einige Anmerkungen

Deine Kraft wird dich niemals verlassen, sie war immer in dir und wird in dir sein, selbst wenn du alt bist und vielleicht in irgendeinem Heim im Pflegebett liegst, um dich kaum mehr zu rühren. Sie ist eine innere Größe. Das hat nichts damit zu tun, ob du lustig irgendwo herum springen kannst, oder ob du körperliche Probleme mit zunehmendem Alter bekommst. Die kriegen fast alle Menschen, selbst bei guter, medizinischer Versorgung.

Versuche ihr mit Achtung zu begegnen und bedanke dich bei ihr nach einer Übung.

Sie ist nicht dazu da, dass du sie anderen Menschen als so eine Art Engel weiter gibst, sondern sie gehört dir ausschließlich.

Andere Menschen haben ihre eigene Kraft.

Außerdem rate ich dir dringend, dich immer gut zu schützen, wenn du aus dem Haus gehst. Und sehr aufmerksam zu sein. Bitte begib dich nicht absichtlich in Gefahr, denn unser Leben ist so kostbar und leider währt es nicht sehr lange. Du hast doch auch schon genug an Schrecken erlebt, wenn du ein traumatisierter Mensch bist. Wenn du jung und gesund bist, rate ich dir Selbstverteidigung zu lernen. Es gibt allerdings auch für ältere Menschen und für Behinderte Selbstverteidigungskurse.

Du kannst dir selbstverständlich eigene Übungen ausdenken, bei denen dich deine Kraft unterstützen kann. Nur zu! Das wäre z. B. ein Zeichen dafür, dass deine Kreativität bereits gewachsen ist.

Am Schluss möchte ich mich bei meinen spirituellen Lehrerinnen bedanken. Denen, die noch auf dieser Welt leben und denen, die bereits gingen. Ihr habt mein Leben gerettet und meine Seele wieder mit Freude erfüllt. Dafür kann ich euch gar nicht genug danken.

Ich wünsche allen alles erdenkliche Gute und Berge von Glück.

Aurora-Mia Cantate

Über tredition

Der tredition Verlag wurde 2006 in Hamburg gegründet. Seitdem hat tredition Hunderte von Büchern veröffentlicht. Autoren können in wenigen leichten Schritten print-Books, e-Books und audio-Books publizieren. Der Verlag hat das Ziel, die beste und fairste Veröffentlichungsmöglichkeit für Autoren zu bieten.

tredition wurde mit der Erkenntnis gegründet, dass nur etwa jedes 200. bei Verlagen eingereichte Manuskript veröffentlicht wird. Dabei hat jedes Buch seinen Markt, also seine Leser. tredition sorgt dafür, dass für jedes Buch die Leserschaft auch erreicht wird

Autoren können das einzigartige Literatur-Netzwerk von tredition nutzen. Hier bieten zahlreiche Literatur-Partner (das sind Lektoren, Übersetzer, Hörbuchsprecher und Illustratoren) ihre Dienstleistung an, um Manuskripte zu verbessern oder die Vielfalt zu erhöhen. Autoren vereinbaren unabhängig von tredition mit Literatur-Partnern die Konditionen ihrer Zusammenarbeit und können gemeinsam am Erfolg des Buches partizipieren.

Das gesamte Verlagsprogramm von tredition ist bei allen stationären Buchhandlungen und Online-Buchhändlern wie z. B. Amazon erhältlich. e- Books stehen bei den führenden Online-Portalen (z. B. iBookstore von Apple) zum Verkauf.

Seit 2009 bietet tredition sein Verlagskonzept auch als sogenanntes "White-Label" an. Das bedeutet, dass andere Personen oder Institutionen risikofrei und unkompliziert selbst zum Herausgeber von Büchern und Buchreihen unter eigener Marke werden können.

Mittlerweile zählen zahlreiche renommierte Unternehmen, Zeitschriften-, Zeitungs- und Buchverlage, Universitäten, Forschungseinrichtungen, Unternehmensberatungen zu den Kunden von tredition. Unter www.tredition-corporate.de bietet tredition vielfältige weitere Verlagsleistungen speziell für Geschäftskunden an.

tredition wurde mit mehreren Innovationspreisen ausgezeichnet, u. a. Webfuture Award und Innovationspreis der Buch-Digitale.

tredition ist Mitglied im Börsenverein des Deutschen Buchhandels.